AF324467

Ce serait chose aisée que de faire ressortir l'heureux groupement de cette esquisse géographique de l'histoire naturelle, et nous trouverions ainsi le moyen de rendre un hommage légitime à M. Vogel, à qui nous l'avons empruntée. Mais le savant docteur comprendra notre réserve, et trouvera dans la reproduction de son ingénieuse idée, l'approbation la moins équivoque, pour un travail dû principalement à son inspiration.

L'histoire générale de l'Europe embrasse six planches; en vingt et une cartes, nous allons successivement faire et défaire des royaumes, sur les débris d'antiques cités élever des villes nouvelles, et suivre les traces ensanglantées des principales expéditions militaires.

L'histoire européenne a trouvé parmi les géographes modernes de savants commentateurs, et l'on trouve un grand nombre de cartes qui, envisagées sous des points de vue spéciaux, ne laissent rien à désirer. Que d'Anville, que Walckenaer recherchent et fixent avec exactitude l'emplacement de villes et de monuments qui n'ont laissé d'autres indices que l'analogie, souvent imparfaite, des dénominations anciennes et modernes, ou sur les déterminations, peu commodes, des itinéraires romains; que Reichard dépouille l'histoire de ses noms géographiques et les réunisse dans un Atlas monumental; que d'autres enfin, les Koch, les Kruse, les Denaix s'attachent à suivre l'Europe dans ses variations politiques : les uns font à juste titre l'admiration du monde savant, et les autres ont d'incontestables droits à la gratitude des classes studieuses.

Mais nous, engagé dans un plan plus vaste, nous avons trouvé en eux des guides à consulter et non des modèles à copier. Et qu'il nous soit permis de donner une idée des obstacles que nous avions à surmonter : dans le cadre étroit où se trouve resserré l'Atlas abrégé, et malgré l'exiguïté de l'échelle, il nous a fallu réunir, sans sacrifier la clarté, les différentes branches de l'histoire, dont plusieurs n'ont jamais été traitées d'une manière un peu complète. Et la raison inverse plus défavorable encore, ce même espace borné, en nous forçant de supprimer des noms assez peu utilement répétés dans des ouvrages plus étendus, nous a forcé en même temps à rechercher avec soin tous ceux qui ont eu quelque éclat pendant les périodes historiques qui divisent nos cartes; et loin ainsi d'en abréger le travail, nous a mis dans la nécessité de refaire la nomenclature pour chacune d'elles.

Des difficultés non moindres et d'un ordre plus élevé se sont présentées dans la rédaction d'ensemble de nos cartes historiques. Mais, pour justifier la méthode qui y a présidé, il nous faudrait aborder une question de cartographie critique qui, pendant de longues années, a préoccupé les géographes allemands, et nous avons le regret de devoir remettre à de prochaines livraisons, ou au texte qui formera un appendice à l'Atlas abrégé, toutes les parties qui demandent à être traitées avec quelque développement. Nos lecteurs voudront jusqu'alors suppléer par leurs propres lumières à la concision obligée d'un prospectus.

La géographie mathématique et physique, l'histoire de la géographie, et la géographie et l'histoire générales de l'Europe, sont donc représentées par les 58 cartes et les 47 figures dont sont composées les treize premières planches de l'Atlas abrégé. Celles qui vont suivre comprennent les détails des principaux États européens, les autres parties du monde, et quelques notions spéciales.

Le plan gradué suivi dans l'Atlas abrégé nous a permis d'étudier la France sous ses divers points de vue, et de la présenter sous toutes ses faces. Les dix planches qui lui sont consacrées exposent, successivement, sa géographie physique, politique et administrative, la géographie et l'histoire de ses colonies, et sa propre histoire, prise aux temps les plus reculés, et suivie jusqu'à l'avénement de Louis-Philippe. Nos cartes ne perdent jamais de vue aucun des grands événements qui ont marqué les pages de l'histoire de la monarchie française, et elles forment entre elles cet enchaînement, principe vital de tout ouvrage qui a la prétention d'être complet. Mais ici encore, et ici surtout, nous devons déplorer de nous trouver enfermé dans un espace limité; nous, dont le langage habituel se compose de noms propres et de signes hiéroglyphiques, représentant les uns et les autres des villes et des vallées, des montagnes et des fleuves, nous sentons combien le sujet de cette partie de l'Atlas abrégé eût été propice pour exposer sous un jour favorable l'ensemble de notre conception; abrité par lui, et parant notre parole de son éclat, nous eussions pu espérer de faire goûter avec quelque succès l'avantage de trouver réuni dans un volume peu dispendieux, toutes les productions les plus remarquables de la cartographie, tout ce qu'embrasse la géographie, tout ce qui intéresse dans l'histoire, tout ce qui frappe dans les voyages. Réduit aux bornes d'une annonce, nous ne pouvons exposer et le fond et la forme d'une suite de cartes, auxquelles s'attache tout l'intérêt inséparable de la géographie et de l'histoire de France, que par l'énumération des titres collectifs des planches qui leur sont dévolues, par une anticipation tronquée sur la table des matières.

Titres des Planches destinées à la Géographie et à l'Histoire de France :

Planches.

1. Carte physique de la France.
2. Carte générale.
3*. Principales divisions administratives.
4*. Colonies que possède la France et celles qu'elle a perdues.
5*. Histoire de la Gaule et de la France depuis les temps les plus reculés jusqu'à la chute des Mérovingiens (de... à 752 de J. C.)

Planches.

6*. Histoire de France sous les Carlovingiens et sous les Capétiens (752-1328).
7*. Histoire de France sous les Valois (1328-1589).
8*. Histoire de France sous les Bourbons (1589-1789).
9. La France en 1789.
10*. Histoire de France sous la république, l'empire et la restauration (1789-1830).

* Les planches accompagnées d'un astérisque sont composées de 6 cartes.

La France est suivie des autres États européens; et, conforme au plan que nous nous sommes tracé, ceux qui l'entourent ont eu le plus de développement. C'est ainsi que nous sommes parvenu à réunir, dans un espace restreint, un fonds plus considérable de géographie et d'histoire, qu'on n'est habitué de trouver dans des ouvrages plus volumineux. C'est en évitant les répétitions, en mettant à profit tout l'espace des planches, et en proportionnant constamment l'échelle des cartes aux matières qu'elles devaient renfermer, que nous avons réussi à limiter le nombre de nos feuilles, et à être plus complet que ne le sont les atlas ordinaires, quels qu'en soient d'ailleurs le prix et le mérite.

PL. 24—29.
PRINCIPAUX ÉTATS DE L'EUROPE.

L'Asie, l'Afrique, les deux Amériques et l'Océanie, entourées chacune de son histoire naturelle, terminent la série de nos cartes, et sont suivies de six planches qui, bien que n'appartenant directement ni à la géographie ni à l'histoire, ne sont peut-être pas déplacées dans un atlas universel, et qui, en tous cas, trouveront grâce devant nos lecteurs, auxquels elles faciliteront l'étude de l'une et de l'autre de ces sciences.

PL. 30—34.
ASIE, AFRIQUE, DEUX AMÉRIQUES, ET OCÉANIE.

L'essai que nous livrons à la publicité ne voit pas le jour sous des auspices favorables. Ceux qui seuls savaient encourager nos premiers efforts, et à la mémoire desquels nous avons consacré ce modeste hommage, ne vivent plus, si ce n'est de la vie des saints et dans nos souvenirs. Un sujet moins pénible et inhérent à toute entreprise analogue à la nôtre, est que dès son commencement nous devions craindre qu'elle n'eût à expier une faute originelle, qui, sans avoir rien de littéraire, n'est pas toujours sans influence sur les lettres. Mais nous nous sommes rassuré par l'idée que notre travail pourra gagner quelques suffrages à l'art que nous cultivons; nous nous sommes rassuré par l'intime conviction qu'il sera utile aux maîtres habiles qui à des noms stériles préfèrent enseigner la science attachante, et aux élèves qui nous sauront gré d'avoir mis entre leurs mains des cartes sur lesquelles ils apprendront les leçons sans ennui et sans dégoût.

Notre travail aura de l'utilité aussi pour les gens du monde, pour tous les esprits éclairés qui se plaisent à demeurer toujours au niveau de la science, et à étudier les événements sur les lieux mêmes de l'action. Ils suivront, dans l'Atlas abrégé, la géographie de pas en pas, l'histoire d'époque en époque, et, sans craindre l'orage, avec le hardi navigateur ils vogueront de plage en plage à la découverte de terres nouvelles. Ils y admireront les merveilles de la création, lorsqu'elle est belle, gracieuse et pleine de poésie, et encore lorsqu'elle a été difforme, hideuse et repoussante. Ils y trouveront des notions sur la topographie et sur la statistique, pour leur faciliter à lire avec fruit les cartes de tous les genres et de tous les âges, et à suivre les investigations de la géographie dans l'art de supputer; des notions sur l'héraldique et sur les divisions du temps, pour mettre au jour la science emblématique du blason et la carrière ingrate du chronologiste; des notions, enfin, sur la stratégie et sur la navigation, sans lesquelles on ne saurait comprendre l'histoire quand elle raconte les opérations d'un siége, les manœuvres d'une flotte, les mouvements d'une armée, et les événements, lesquels tant de fois déjà ont décidé du sort des rois et des peuples : ces événements terribles qui avancent semant l'horreur et l'effroi, puis s'arrêtent, suspendent leurs coups, pour reparaître bientôt sous les mêmes formes avec d'autres noms, avec les mêmes effets pour d'autres causes, et dont le bruit sourd incessamment se fait entendre dans le lointain, menaçant et près d'éclater.

PL. 35—40.
NOTIONS SUR LA TOPOGRAPHIE, LA STATISTIQUE, L'HÉRALDIQUE, LA STRATÉGIE, LA NAVIGATION ET LES DIVISIONS DU TEMPS.

J. BLUMENTHAL.

AUX MANES

DE

MON PÈRE   MA MÈRE   Mme J^{ques} JAVAL

Souvenirs d'Amour et de Respect.

LEUR FILS, SON NEVEU RECONNAISSANT.

Nous avons essayé de renfermer dans une suite de dessins géographiques, les éléments des différentes sciences qui forment le domaine de la cartographie, et de résumer d'une manière saisissable à la simple inspection, l'ensemble des progrès successifs et des connaissances géographiques, de l'histoire politique et militaire, et de l'histoire naturelle.

En réunissant des matières variées et étendues dans un cadre resserré, nous avons cherché à les représenter, pour la première fois, complètes dans toutes leurs parties, en graduant les détails selon l'intérêt qu'offrent les régions et les époques diverses; nous nous sommes appliqué à rendre leur étude facile, même à ceux qui n'auraient point l'usage ordinaire des cartes géographiques.

Nous allons exposer sommairement l'économie de l'Atlas abrégé; la table détaillée de ses planches et des cartes et figures qu'elles contiennent, ainsi qu'un précis analytique de quelques-unes d'entre elles, nous fourniront, avec de prochaines livraisons, l'occasion d'indiquer les principales sources auxquelles nous avons puisé, et de compléter ce rapide aperçu.

Les deux premières planches, composées de vingt-quatre cartes et figures séparées, renferment la somme des connaissances géographiques acquises jusqu'à nos jours : elles donnent de la théorie astronomique ce qui a rapport plus directement à l'astre que nous habitons, et font connaître l'aspect de la terre, ses grandes divisions naturelles, et les principales lois physiques qui la dominent. Ces deux planches sont, pour l'étendue de l'espace, ce que les quatre suivantes vont être pour la durée des siècles, et les trente et une cartes qui se partagent ces dernières, tout en jetant un regard sur les grandes révolutions des empires, sont spécialement consacrées à l'histoire des voyages et des découvertes, à l'histoire de la géographie.

Prenant cette science à sa plus débile enfance, elles représentent d'abord les faibles parties de l'ancien continent, que sembla connaître l'auteur de la Genèse. Peu à peu les hommes se répandent en se multipliant; puis, quand animées par le besoin de gloire, ou poussées par la soif des richesses, les nations étendent leurs conquêtes et leurs découvertes, nos cartes s'étendent avec elles et s'augmentent, chacune, des acquisitions faites à la géographie durant l'intervalle des deux grandes époques historiques qu'elle renferme. Et poursuivant ainsi, on s'attachant alternativement aux traces des voyageurs et au sillon des navires, elles ne s'arrêtent qu'après avoir suivi Ross, Back et Simpson dans les régions glacées des Esquimaux, et après avoir franchi une dernière fois, sur les traces de l'*Élisa Scott*, les limites méridionales des terres habitables.

De temps en temps nous ralentissons le pas, soit pour marquer avec plus de détails les époques saillantes, ou bien pour reproduire les idées cosmographiques des poëtes, des historiens et des géographes, qui, échelonnés dans la file des siècles, ont créé une série de mappemondes dont la réunion offre de remarquables corollaires à cette partie de l'Atlas abrégé. Les premières, types d'autant de mondes historiques et merveilleux, appartiennent à l'école des rapsodes et des logographes : Homère en est le chef. Avec Hérodote naît la période historique. Les géographes se font jour : Strabon et Ptolémée fournissent des cartes plus dignes de la civilisation brillante du monde romain. Mais bientôt les hordes féroces du nord viennent détruire Rome et sa science; le moyen âge commence, et le moyen âge amène l'ère de la géographie arabe. Celle-là, tout en étendant les limites de l'ancien monde à l'est et au sud, a dépassé peut-être l'antiquité dans tout ce qu'elle avait imaginé de plus surprenant. Le système du moine marchand Cosmas ne le cède en rien au système homérique; les îles Fortunées sont éclipsées par celles du Doux-Oubli, et les Iagogs et Magogs sont supérieurs à tous les Cimmériens possibles. La gloire la plus solide de cette période est d'avoir préparé des élèves qui ont de beaucoup surpassé leurs maîtres. Des terres longtemps fécondées par l'industrie arabe, Colomb part et rapporte un monde nouveau; des traditions arabes, recueillies par Covilham, guident Vasco de Gama sur la route du Cap. La géographie moderne se lève, et dissipant l'atmosphère nébuleuse dont l'ignorance des masses l'avait entourée, elle va se poser à la tête des sciences exactes, pour lui servir à la fois de guide et de réceptacle. Gérard Mercator dresse une bonne mappemonde, que Delisle, les Sanson, d'Anville et Brué vont rectifier, augmenter; et si celle de Gressier, qui a servi de base à notre planisphère, laisse encore des lacunes; si nul encore ne saurait dire ce qui se passe vers les hauteurs des pôles, ou dans l'intérieur de quelques grandes contrées; si nul n'a retrouvé les montagnes de Crophi et de Mophi, où des gouffres sans fond (le gardien des trésors de Minerve à Saïs en était certain) donnent naissance au Nil : la géographie se modifiera, se complétera; mais d'avance elle connaît l'espace qu'au prix de mille travaux il lui reste à explorer, et d'avance aussi elle renonce à découvrir jamais ces pays et ces peuples, toujours heureux ou désolés toujours, et dont les récits, singulièrement attrayants, ont disparu à peine des annales de la géographie des temps modernes.

Quittant le domaine universel, l'Atlas abrégé va développer sur une échelle moins restreinte, chacune de ses parties. L'Europe d'abord, et d'abord l'Europe avec son système politique et d'équilibre fondé par le traité de Paris de 1815, et modifié par les suites de la révolution de 1830. Voyons en même temps son système ethnographique, à côté des peuples dominants, ceux qui, rayés de la liste des nations, ont su conserver leur nationalité par leurs mœurs et leurs langues. Mais surtout faisons ressortir sa géographie physique, laquelle, bien que plus détaillée sur les cartes particulières, dans la même proportion que la géographie politique, n'y présente que les fractions de bassins et de chaînes de montagnes, qui ont besoin d'être vues dans leur ensemble pour faire saisir leur disposition et leur étendue. C'est donc une triple mission que remplit la carte générale de l'Europe; elle occupe, comme les autres parties du monde, une planche entière, et, comme elles, est entourée de son histoire naturelle autochthone.

Ce serait chose aisée que de faire ressortir l'heureux groupement de cette esquisse géographique de l'histoire naturelle, et nous trouverions ainsi le moyen de rendre un hommage légitime à M. Vogel, à qui nous l'avons empruntée. Mais le savant docteur comprendra notre réserve, et trouvera dans la reproduction de son ingénieuse idée, l'approbation la moins équivoque, pour un travail dû principalement à son inspiration.

PL. 8—13.
HISTOIRE GÉNÉRALE DE L'EUROPE.

L'histoire générale de l'Europe embrasse six planches; en vingt et une cartes, nous allons successivement faire et défaire des royaumes, sur les débris d'antiques cités élever des villes nouvelles, et suivre les traces ensanglantées des principales expéditions militaires.

L'histoire européenne a trouvé parmi les géographes modernes de savants commentateurs, et l'on trouve un grand nombre de cartes qui, envisagées sous des points de vue spéciaux, ne laissent rien à désirer. Que d'Anville, que Walckenaer recherchent et fixent avec exactitude l'emplacement de villes et de monuments qui n'ont laissé d'autres indices que l'analogie, souvent imparfaite, des dénominations anciennes et modernes, ou sur les déterminations, peu commodes, des itinéraires romains; que Reichard dépouille l'histoire de ses noms géographiques et les réunisse dans un Atlas monumental; que d'autres enfin, les Koch, les Kruse, les Denaix s'attachent à suivre l'Europe dans ses variations politiques : les uns font à juste titre l'admiration du monde savant, et les autres ont d'incontestables droits à la gratitude des classes studieuses.

Mais nous, engagé dans un plan plus vaste, nous avons trouvé en eux des guides à consulter et non des modèles à copier. Et qu'il nous soit permis de donner une idée des obstacles que nous avions à surmonter : dans le cadre étroit où se trouve resserré l'Atlas abrégé, et malgré l'exiguïté de l'échelle, il nous a fallu réunir, sans sacrifier la clarté, les différentes branches de l'histoire, dont plusieurs n'ont jamais été traitées d'une manière un peu complète. Et la raison inverse plus défavorable encore, ce même espace borné, en nous forçant de supprimer des noms assez peu utilement répétés dans des ouvrages plus étendus, nous a forcé en même temps à rechercher avec soin tous ceux qui ont eu quelque éclat pendant les périodes historiques qui divisent nos cartes; et loin ainsi d'en abréger le travail, nous a mis dans la nécessité de refaire la nomenclature pour chacune d'elles.

Des difficultés non moindres et d'un ordre plus élevé se sont présentées dans la rédaction d'ensemble de nos cartes historiques. Mais, pour justifier la méthode qui y a présidé, il nous faudrait aborder une question de cartographie critique qui, pendant de longues années, a préoccupé les géographes allemands, et nous avons le regret de devoir remettre à de prochaines livraisons, ou au texte qui formeront un appendice à l'Atlas abrégé, toutes les parties qui demandent à être traitées avec quelque développement. Nos lecteurs voudront jusqu'alors suppléer par leurs propres lumières à la concision obligée d'un prospectus.

La géographie mathématique et physique, l'histoire de la géographie, et la géographie et l'histoire générales de l'Europe, sont donc représentées par les 58 cartes et les 47 figures dont sont composées les treize premières planches de l'Atlas abrégé. Celles qui vont suivre comprennent les détails des principaux États européens, les autres parties du monde, et quelques notions spéciales.

PL. 14—23.
GÉOGRAPHIE ET HISTOIRE DE LA FRANCE ET DE SES COLONIES.

Le plan gradué suivi dans l'Atlas abrégé nous a permis d'étudier la France sous ses divers points de vue, et de la présenter sous toutes ses faces. Les dix planches qui lui sont consacrées exposent, successivement, sa géographie physique, politique et administrative, la géographie et l'histoire de ses colonies, et sa propre histoire, prise aux temps les plus reculés, et suivie jusqu'à l'avénement de Louis-Philippe. Nos cartes ne perdent jamais de vue aucun des grands événements qui ont marqué les pages de l'histoire de la monarchie française, et elles forment entre elles cet enchaînement, principe vital de tout ouvrage qui a la prétention d'être complet. Mais ici encore, et ici surtout, nous devons déplorer de nous trouver enfermé dans un espace limité; nous, dont le langage habituel se compose de noms propres et de signes hiéroglyphiques, représentant les uns et les autres des villes et des vallées, des montagnes et des fleuves, nous sentons combien le sujet de cette partie de l'Atlas abrégé eût été propice pour exposer sous un jour favorable l'ensemble de notre conception; abrité par lui, et parant notre parole d'un éclat, nous eussions pu espérer de faire goûter avec quelque succès l'avantage de trouver réuni dans un volume peu dispendieux, toutes les productions les plus remarquables de la cartographie, tout ce qu'embrasse la géographie, tout ce qui intéresse dans l'histoire, tout ce qui frappe dans les voyages. Réduit aux bornes d'une annonce, nous ne pouvons exposer et le fond et la forme d'une suite de cartes, auxquelles s'attache tout l'intérêt inséparable de la géographie et de l'histoire de France, que par l'énumération des titres collectifs des planches qui leur sont dévolues, par une anticipation tronquée sur la table des matières.

Titres des Planches destinées à la Géographie et à l'Histoire de France :

Planches

1. Carte physique de la France.
2. Carte générale.
3°. Principales divisions administratives.
4°. Colonies que possède la France et celles qu'elle a perdues.
5°. Histoire de la Gaule et de la France depuis les temps les plus reculés jusqu'à la chute des Mérovingiens (de... à 752 de J. C.)
6°. Histoire de France sous les Carlovingiens et sous les Capétiens (752-1328).
7°. Histoire de France sous les Valois (1328-1589).
8°. Histoire de France sous les Bourbons (1589-1789).
9°. La France en 1789.
10°. Histoire de France sous la république, l'empire et la restauration (1789-1830).

* Les planches accompagnées d'un astérisque sont composées de 6 cartes.

PL. 24—29.
PRINCIPAUX ÉTATS DE L'EUROPE.

La France est suivie des autres États européens; et, conforme au plan que nous nous sommes tracé, ceux qui l'entourent ont eu le plus de développement. C'est ainsi que nous sommes parvenu à réunir, dans un espace restreint, un fonds plus considérable de géographie et d'histoire, qu'on n'est habitué de trouver dans des ouvrages plus volumineux. C'est en évitant les répétitions, en mettant à profit tout l'espace des planches, et en proportionnant constamment l'échelle des cartes aux matières qu'elles devaient renfermer, que nous avons réussi à limiter le nombre de nos feuilles, et à être plus complet que ne le sont les atlas ordinaires, quels qu'en soient d'ailleurs le prix et le mérite.

PL. 30—34.
ASIE, AFRIQUE, DEUX AMÉRIQUES ET OCÉANIE.

L'Asie, l'Afrique, les deux Amériques et l'Océanie, entourées chacune de son histoire naturelle, terminent la série de nos cartes, et sont suivies de six planches qui, bien que n'appartenant directement ni à la géographie ni à l'histoire, ne sont peut-être pas déplacées dans un atlas universel, et qui, en tous cas, trouveront grâce devant nos lecteurs, auxquels elles faciliteront l'étude de l'une et de l'autre de ces sciences.

PL. 35—40.
NOTIONS SUR LA TOPOGRAPHIE, LA STATISTIQUE, L'HÉRALDIQUE, LA STRATÉGIE, LA NAVIGATION ET LES DIVISIONS DU TEMPS.

L'essai que nous livrons à la publicité ne voit pas le jour sous des auspices favorables. Ceux qui seuls savaient encourager nos premiers efforts, et à la mémoire desquels nous avons consacré ce modeste hommage, ne vivent plus, si ce n'est de la vie des saints et dans nos souvenirs. Un sujet moins pénible et inhérent à toute entreprise analogue à la nôtre, est que dès son commencement nous devions craindre qu'elle n'eût à expier une faute originelle, qui, sans avoir rien de littéraire, n'est pas toujours sans influence sur les lettres. Mais nous nous sommes rassuré par l'idée que notre travail pourra gagner quelques suffrages à l'art que nous cultivons; nous nous sommes rassuré par l'intime conviction qu'il sera utile aux maîtres habiles qui à des noms stériles préfèrent enseigner la science attachante, et aux élèves qui nous sauront gré d'avoir mis entre leurs mains des cartes sur lesquelles ils apprendront les leçons sans ennui et sans dégoût.

Notre travail aura de l'utilité aussi pour les gens du monde, pour tous les esprits éclairés qui se plaisent à demeurer toujours au niveau de la science, et à étudier les événements sur les lieux mêmes de l'action. Ils suivront, dans l'Atlas abrégé, la géographie de pas en pas, l'histoire d'époque en époque, et, sans craindre l'orage, avec le hardi navigateur ils vogueront de plage en plage à la découverte de terres nouvelles. Ils y admireront les merveilles de la création, lorsqu'elle est belle, gracieuse et pleine de poésie, et encore lorsqu'elle a été difforme, hideuse et repoussante. Ils y trouveront des notions sur la topographie et sur la statistique, pour leur faciliter à lire avec fruit les cartes de tous les genres et de tous les âges, et à suivre les investigations de la géographie dans l'art de supputer; des notions sur l'héraldique et sur les divisions du temps, pour mettre au jour la science emblématique du blason et la carrière ingrate du chronologiste; des notions, enfin, sur la stratégie et sur la navigation, sans lesquelles on ne saurait comprendre l'histoire quand elle raconte les opérations d'un siège, les manœuvres d'une flotte, les mouvements d'une armée, et les événements, lesquels tant de fois déjà ont décidé du sort des rois et des peuples : ces événements terribles qui avancent sèment l'horreur et l'effroi, puis s'arrêtent, suspendent leurs coups, pour reparaître bientôt sous les mêmes formes avec d'autres noms, avec les mêmes effets pour d'autres causes, et dont le bruit sourd incessamment se fait entendre dans le lointain, menaçant et près d'éclater.

É. BLUMENTHAL.

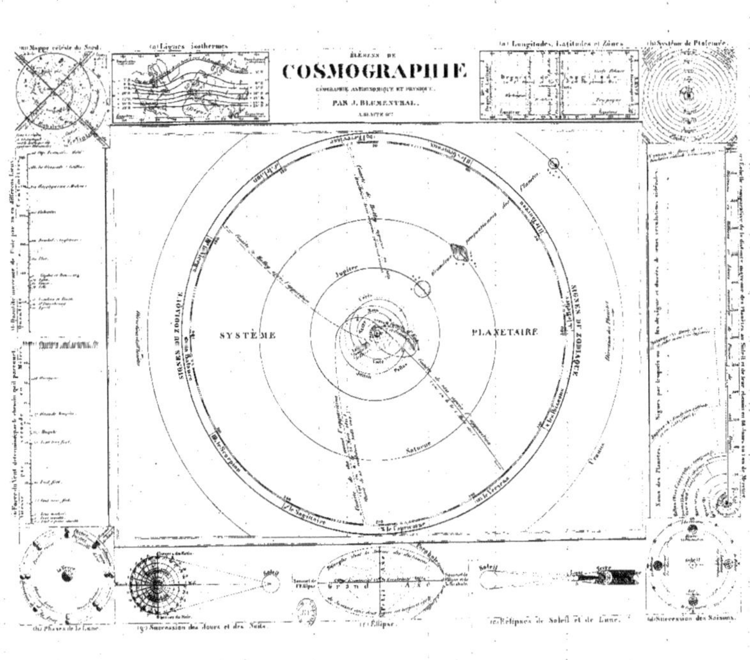

(a) Mappe céleste du Nord.
(b) Lignes isothermes.
ÉLÉMENS DE
COSMOGRAPHIE
GÉOGRAPHIE ASTRONOMIQUE ET PHYSIQUE.
PAR J. BLUMENTHAL.
(d) Longitudes, Latitudes et Zônes.
(b) Système de Ptolémée.
SYSTÈME
PLANÉTAIRE
SIGNES DU ZODIAQUE
SIGNES DU ZODIAQUE
Jupiter
Saturne
le Sagittaire
le Capricorne
(h) Phases de la Lune.
(g) Succession des Jours et des Nuits.
(f) Ellipse.
(e) Éclipses de Soleil et de Lune.
(d) Succession des Saisons.

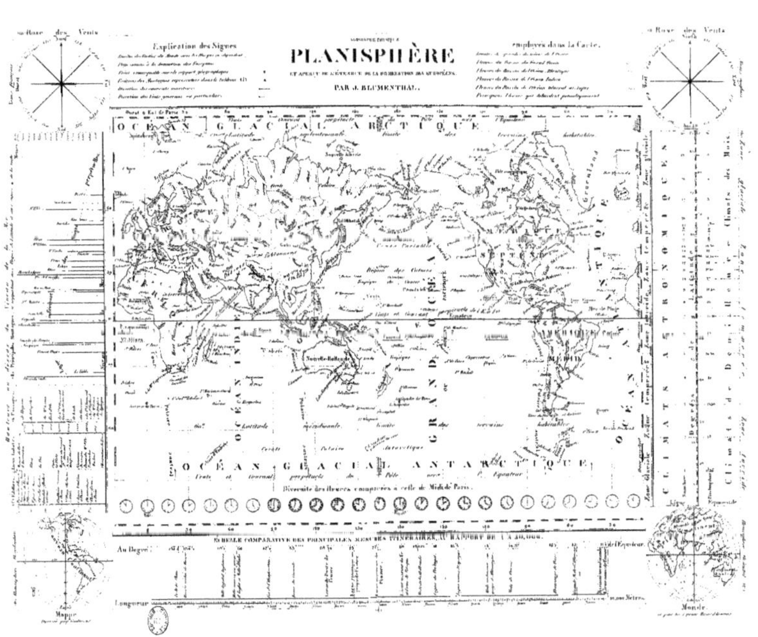

PLANISPHÈRE
PAR J. BLUMENTHAL.
Explication des Signes
OCÉAN GLACIAL ARCTIQUE
OCÉAN GLACIAL ANTARCTIQUE
GRAND OCÉAN
Nouvelle-Hollande
Groenland
Mappe
Monde
ÉCHELLE COMPARATIVE DES PRINCIPALES MESURES ITINÉRAIRES
Rose des Vents

HISTOIRE DE LA GÉOGRAPHIE, DEPUIS CHARLEMAGNE JUSQU'A LOUIS XIV (768-1685 DE J.C) PAR J.BLUMENTHAL.

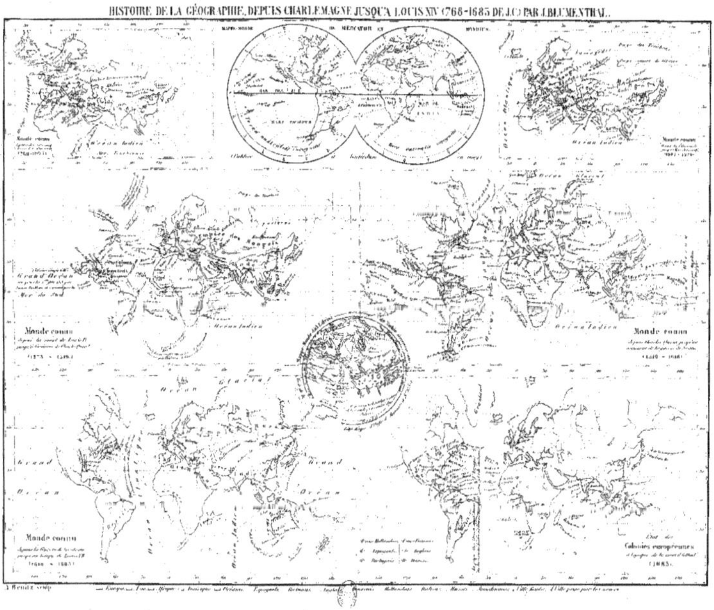

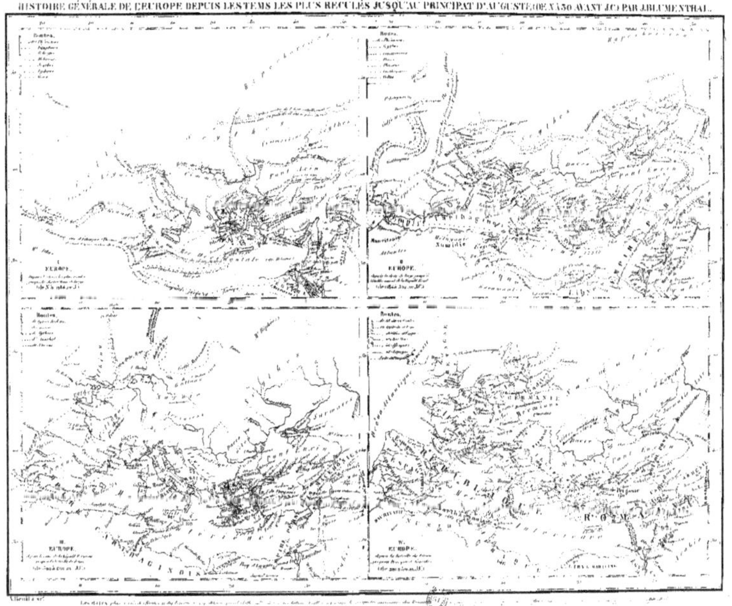

HISTOIRE GÉNÉRALE DE L'EUROPE DEPUIS LES TEMS LES PLUS RECULÉS JUSQU'AU PRINCIPAT D'AUGUSTE (OE N A 30 AVANT J.C.) PAR J.BLUMENTHAL.
Routes.
EUROPE.
EUROPE.

HISTOIRE G.de DE L'EUROPE DEPUIS LE PRINCIPAT D'AUGUSTE, JUSQU'APRÈS LA CONQUÊTE DE L'ITALIE PAR LES LOMBARDS (DE 30 AV. À 600 AP. JC.) PAR J.B.L. MESTHAL.

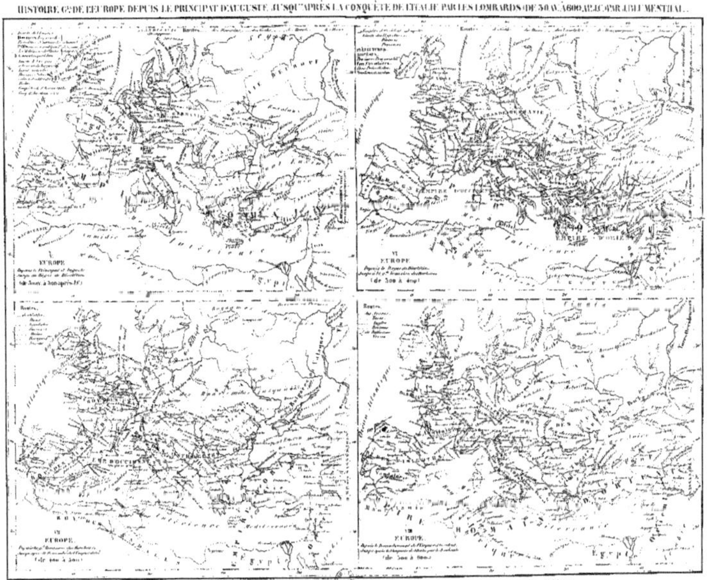

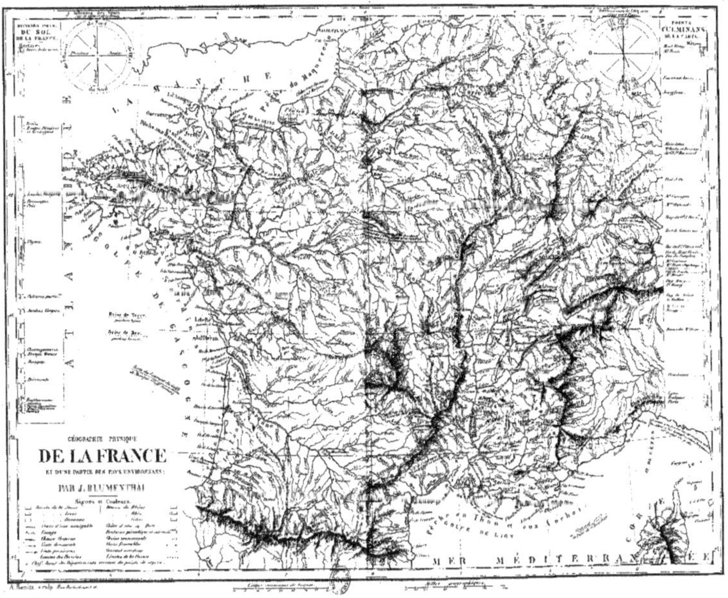

GÉOGRAPHIE PHYSIQUE
DE LA FRANCE
ET D'UNE PARTIE DES PAYS ENVIRONNANTS;
PAR J. BLUMENTHAL
Signes et Couleurs.
LA MANCHE
OCÉAN ATLANTIQUE
GOLFE DE GASCOGNE
MER MÉDITERRANÉE
GOLFE DE LION
CORSE

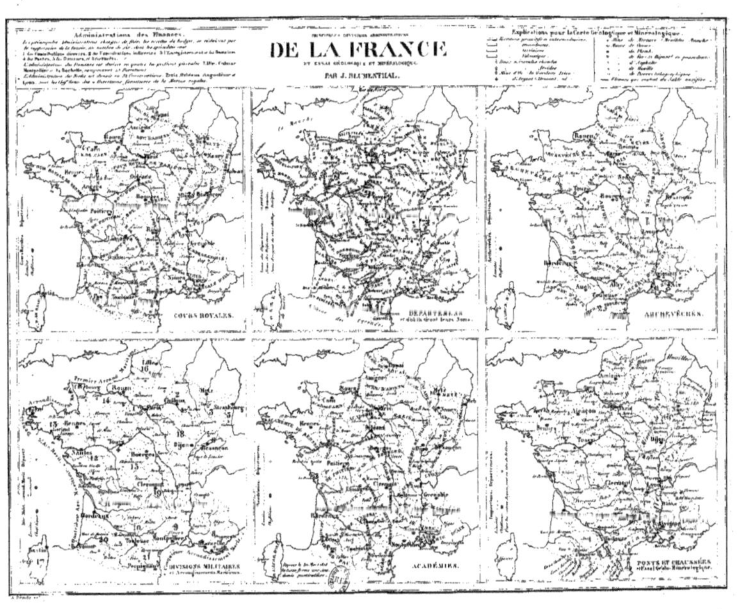

DE LA FRANCE
ET ESSAI GÉOLOGIQUE ET MINÉRALOGIQUE
PAR J. BLUMENTHAL.
Administration des Finances.
Explications pour la carte Géologique et Minéralogique
COURS ROYALES.
DÉPARTEMENS
ARCHEVÊCHÉS.
DIVISIONS MILITAIRES
ACADÉMIES.
PONTS ET CHAUSSÉES

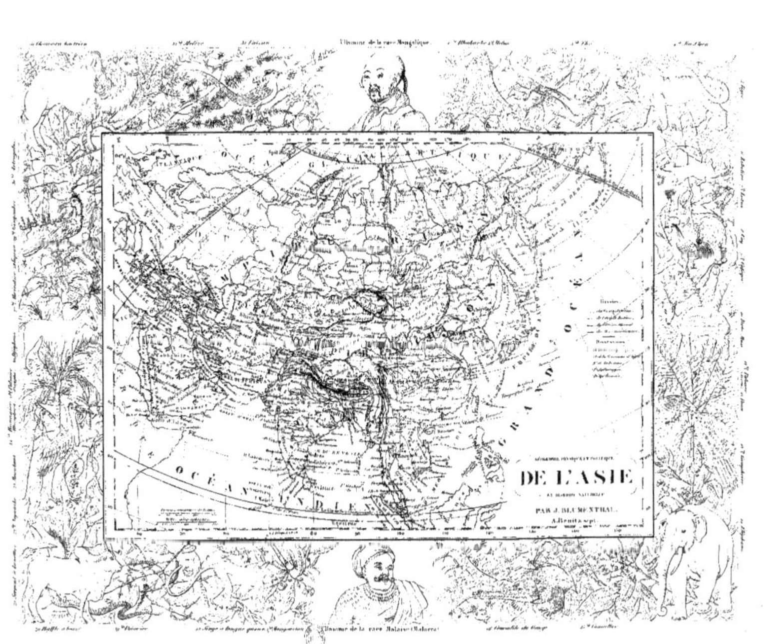

GÉOGRAPHIE PHYSIQUE ET POLITIQUE
DE L'ASIE
ET HISTOIRE NATURELLE
PAR J. BLUMENTHAL
A.Bernard & C.ie
OCÉAN GLACIAL ARCTIQUE
GRAND OCÉAN
OCÉAN INDIEN

GÉOGRAPHIE PHYSIQUE ET POLITIQUE
AFRIQUE
ET HISTOIRE NATURELLE
PAR J. BLUMENTHAL.
Peuples Arabes
SAHARA OU GRAND DÉSERT
Peuples Nègres

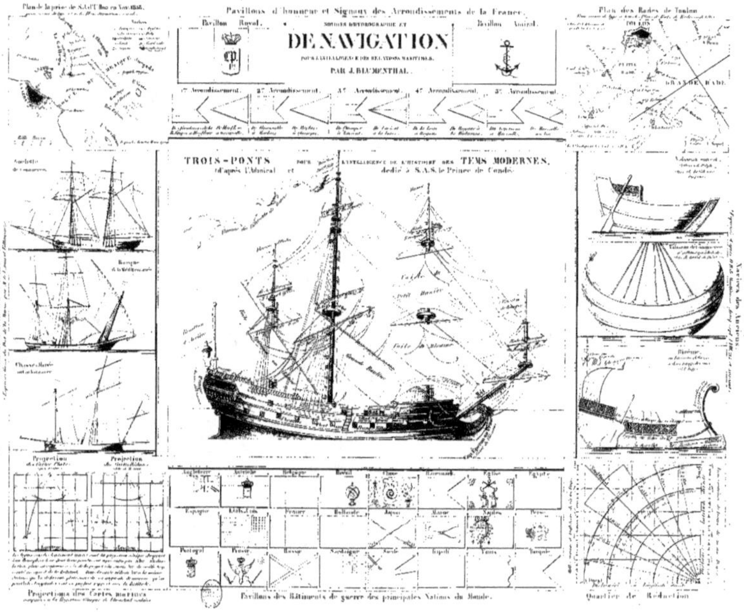

NOTIONS D'HYDROGRAPHIE ET

DE NAVIGATION

POUR L'INTELLIGENCE DES RELATIONS MARITIMES.

PAR J. BLUMENTHAL.

Pavillons d'honneur et Signaux des Arrondissements de la France.

Pavillon Royal.   Pavillon Amiral.

1er Arrondissement.   2e Arrondissement.   3e Arrondissement.   4e Arrondissement.   5e Arrondissement.

TROIS-PONTS, POUR L'INTELLIGENCE DE L'HISTOIRE DES TEMS MODERNES,
d'après l'Amiral et dédié à S.A.S. le Prince de Condé.

Plan de la prise de St. Jean d'Ulloa en Nov. 1838.

Plan des Rades de Toulon.

Bâtiments de construction moderne.

Projection des Cartes marines.

Pavillons des Bâtiments de guerre des principales Nations du Monde.

Quartier de Réduction.

www.ingramcontent.com/pod-product-compliance
Lightning Source LLC
LaVergne TN
LVHW010517060726
842527LV00005B/2044